# HYGIÈNE DU TRAVAIL

## LOIS

### DÉS 12 JUIN 1893 & 11 JUILLET 1903

ET

## DÉCRET

### DU 29 NOVEMBRE 1904

Modifié

### PAR CELUI DU 6 AOUT 1905

Suivi des

## DÉCRETS

relatifs à

### L'EMPLOI DE LA CÉRUSE
### COUCHAGE DU PERSONNEL
### ATELIERS DE BLANCHISSAGE

PARIS

LIBRAIRIE CHEVALIER ET RIVIÈRE

30, RUE JACOB (VIᵉ)

1906

# HYGIÈNE & SÉCURITÉ DU TRAVAIL

# LOI
## DU 12 JUIN 1893

Modifiée par

## LA LOI DU 11 JUILLET 1903

Le Sénat et la Chambre des Députés ont adopté,

Le Président de la République promulgue la loi dont la teneur suit :

### Article premier.

(*Loi du 11 juillet 1903*). — **Sont soumis aux dispositions de la présente loi les manufactures, fabriques, usines, chantiers, ateliers, laboratoires, cuisines, caves et chais, magasins, boutiques, bureaux, entreprises de chargement et de déchargement et leurs dépendances, de quelque nature que ce soit, publics ou privés, laïques ou religieux, même lorsque ces établissements ont un caractère d'enseignement professionnel ou de bienfaisance.**

Sont seuls exceptés les établissements où ne sont employés que les membres de la famille sous l'autorité soit du père, soit de la mère, soit du tuteur.

Néanmoins, si le travail s'y fait à l'aide de chaudière à vapeur ou de moteur mécanique, ou si l'industrie exercée est classée au nombre des établissements dangereux ou insalubres, l'Inspecteur aura le droit de prescrire les mesures de sécurité et de salubrité à prendre conformément aux dispositions de la présente loi.

Art. 2.

Les établissements visés à l'article 1er doivent être tenus dans un état constant de propreté et présenter les conditions d'hygiène et de salubrité nécessaires à la santé du personnel.

Ils doivent être aménagés de manière à garantir la sécurité des travailleurs. Dans tout établissement fonctionnant par des appareils mécaniques, les roues, les courroies, les engrenages, ou tout autre organe pouvant offrir une cause de danger seront séparés des ouvriers de telle manière que l'approche n'en soit possible que pour les besoins du service. Les machines, mécanismes, appareils, puits, trappes et ouvertures doivent être clôturés.

(*Loi du 11 juillet 1903*). — **Les dispositions qui précèdent sont applicables aux théâtres, cirques et autres établissements similaires où il est fait emploi d'appareils mécaniques.**

Art. 3.

(*Loi du 11 juillet 1903*). — **Des règlements d'Administration publique rendus après avis du Comité consultatif des Arts et Manufactures détermineront :**

**« 1° Les mesures générales de protection et de salubrité applicables à tous les établissements assujettis, notamment en ce qui concerne l'éclairage, l'aération ou la ventilation, les eaux potables et les fosses d'aisances, l'évacuation des poussières et vapeurs, les précautions à prendre contre les incendies, le couchage du personnel, etc. ;**

**« 2° Au fur et à mesure des nécessités constatées,**

**les prescriptions particulières relatives soit à certaines professions, soit à certains modes de travail.**

**« Le Comité consultatif d'Hygiène publique de France sera appelé à donner son avis en ce qui concerne les règlements généraux prévus sous le n° 1er du présent article. »**

### Art. 4.

Les Inspecteurs du travail sont chargés d'assurer l'exécution de la présente loi et des règlements qui y sont prévus ; ils ont entrée dans les établissements spécifiés à l'article 1er et au dernier paragraphe de l'article 2, à l'effet de procéder à la surveillance et aux enquêtes dont ils sont chargés.

*(Loi du 11 juillet 1903).* **— Toutefois pour les établissements de l'État dans lesquels l'intérêt de la Défense nationale s'oppose à l'introduction d'agents étrangers au service, la sanction de la loi est exclusivement confiée aux agents désignés, à cet effet, par les Ministres de la Guerre et de la Marine ; la nomenclature de ces établissements sera fixée par règlement d'Administration publique.**

### Art. 5.

Les contraventions sont constatées par les procès-verbaux des Inspecteurs, qui font foi jusqu'à preuve contraire.

Les procès-verbaux sont dressés en double exemplaire, dont l'un est envoyé au Préfet du département et l'autre envoyé au Parquet.

Les dispositions ci-dessus ne dérogent point aux règles du droit commun quant à la constatation et à la poursuite des infractions commises à la présente loi.

### Art. 6.

Toutefois, en ce qui concerne l'application des règlements d'administration publique prévus par l'article 3 ci-dessus, les Inspecteurs avant de dresser procès-verbal, mettront les chefs d'industrie en demeure de se conformer aux prescriptions du dit règlement.

Cette mise en demeure sera faite par écrit sur le registre de l'usine ; elle sera datée et signée, indiquera les contraventions relevées et fixera un délai à l'expiration duquel ces contraventions devront avoir disparu. Ce délai ne sera jamais inférieur à un mois.

Dans les quinze jours qui suivent cette mise en demeure, le chef d'industrie adresse, s'il le juge convenable, une réclamation au Ministre du Commerce et de l'Industrie. Ce dernier peut, lorsque l'obéissance à la mise en demeure nécessite des transformations importantes portant sur le gros œuvre de l'usine, après avis conforme du Comité des Arts et Manufactures, accorder à l'industriel un délai dont la durée, dans tous les cas, ne dépassera jamais dix-huit-mois.

Notification de la décision est faite à l'industriel dans la forme administrative ; avis en est donné à l'Inspecteur.

## Art. 7.

Les chefs d'industrie, directeurs, gérants ou préposés, qui auront contrevenu aux dispositions de la présente loi et des règlements d'administration publique relatifs à son exécution seront poursuivis devant le Tribunal de simple police et punis d'une amende de 5 francs à 15 francs. L'amende sera appliquée autant de fois qu'il y aura de contraventions distinctes constatées par le procès-verbal, sans toutefois que le chiffre total des amendes puisse excéder 200 francs.

Le jugement fixera, en outre, le délai dans lequel seront exécutés les travaux de sécurité et de salubrité imposés par la loi.

Les chefs d'industrie sont civilement responsables des condamnations prononcées contre leurs directeurs, gérants ou préposés.

## Art. 8.

Si, après une condamnation prononcée en vertu de l'article précédent, les mesures de sécurité ou de salubrité imposées par la présente loi ou par les règlements d'administration publique n'ont pas été exécutées dans le délai fixé par le jugement qui a prononcé la condamnation, l'affaire est, sur un nouveau procès-verbal, portée devant le Tribunal correctionnel, qui peut, après une nouvelle mise en demeure restée sans résultat, ordonner la fermeture de l'établissement.

Le jugement sera susceptible d'appel ; la Cour statuera d'urgence.

### Art. 9.

En cas de récidive, le contrevenant sera poursuivi devant le Tribunal correctionnel et puni d'une amende de 50 à 500 fr., sans que la totalité des amendes puisse excéder 2.000 francs.

Il y a récidive, lorsque le contrevenant a été frappé, dans les douze mois qui ont précédé le fait qui est l'objet de la poursuite, d'une première condamnation pour infraction à la présente loi ou aux règlements d'administration publique relatifs à son exécution.

### Art. 10.

Les Inspecteurs devront fournir, chaque année, des rapports circonstanciés sur l'application de la présente loi dans toute l'étendue de leur circonscription. Ces rapports mentionneront les accidents dont les ouvriers auront été victimes et leurs causes. Ils contiendront les propositions relatives aux prescriptions nouvelles qui seraient de nature à mieux assurer la sécurité du travail.

Un rapport d'ensemble, résumant ces communications, sera publié tous les ans par les soins du Ministre du Commerce et de l'Industrie.

### Art. 11.

Tout accident ayant causé une blessure à un ou plusieurs ouvriers survenu dans un des établissements mentionnés à l'article 1er et au dernier paragraphe de l'article 2, sera l'objet d'une déclaration par le chef de l'entreprise ou, à son défaut et en son absence, par le préposé.

Cette déclaration contiendra le nom et l'adresse des témoins de l'accident ; elle sera faite dans les quarante-huit heures au Maire de la commune, qui en dressera procès-verbal dans la forme à déterminer par un règlement d'administration publique. A cette déclaration sera joint, produit par le patron, un certificat du médecin indiquant l'état du blessé, les suites probables de l'accident et l'époque à laquelle il sera possible d'en connaître le résultat définitif.

Récépissé de la déclaration et du certificat médical sera remis, séance tenante, au déposant. Avis de l'accident est donné immédiatement par le Maire à l'Inspecteur divisionnaire ou départemental.

ART. 12.

Seront punis d'une amende de 100 à 500 francs et, en cas de récidive, de 500 à 1000 francs, tous ceux qui auront mis obstacle à l'accomplissement des devoirs d'un Inspecteur.

Les dispositions du Code pénal qui prévoient et répriment les actes de résistance, les outrages et les violences contre les officiers de la police judiciaire sont, en outre, applicables à ceux qui se rendront coupables de faits de même nature à l'égard des Inspecteurs.

*(Loi du 11 juillet 1903).* — **Les articles 5, 6, 7, 8, 9, 12 (paragraphes 1 et 2) et 14 de la présente loi ne sont pas applicables aux établissements de l'Etat. Un règlement d'Administration publique fixera les conditions dans lesquelles seront communiquées, par le Ministre du Commerce. aux Administrations intéressées, les constatations des Inspecteurs du Travail dans ces établisements.**

ART. 13.

Il n'est rien innové quant à la surveillance des appareils à vapeur (1).

ART. 14.

L'article 463 du Code pénal est applicable aux condamnations prononcées en vertu de la présente loi.

---

(1) Décrets du 30 avril 1880 et 29 juin 1886.

## Art. 15.

Sont et demeurent abrogées, toutes les dispositions des lois et règlements contraires à la présente loi.

La présente loi, délibérée et adoptée par le Sénat et par la Chambre des Députés, sera exécutée comme loi de l'Etat.

Fait à Paris, le 12 juin 1893.

**CARNOT.**

PAR LE PRÉSIDENT DE LA RÉPUBLIQUE :

*Le Ministre du Commerce,*
*de l'Industrie et des Colonies,*

**TERRIER.**

*Le Ministre de la Justice,*
*Garde des Sceaux,*

**GUÉRIN.**

# DÉCRET

## DU 29 NOVEMBRE 1904

Le Président de la République française,

Sur le rapport du ministre du commerce, de l'industrie, des postes et des télégraphes.

Vu l'article 3 de la loi des 12 juin 1893, 11 juillet 1903, ainsi conçu :

« Des règlements d'administration publique, rendus après avis du comité consultatif des arts et manufactures, détermineront :

« 1° Les mesures générales de protection et de salubrité applicables à tous les établissements assujettis, notamment en ce qui concerne l'éclairage, l'aération, la ventilation, les eaux potables, les fosses d'aisances, l'évacuation des poussières et vapeurs, les précautions à prendre contre les incendies, le couchage du personnel, etc.

« 2° Au fur et à mesure des nécessités constatées, les prescriptions particulières relatives soit à certaines professions, soit à certains modes de travail.

« Le comité consultatif d'hygiène publique de France sera

appelé à donner son avis en ce qui concerne les règlements généraux prévus sous le n° 1 du présent article » ;

Vu l'avis du comité consultatif d'hygiène publique de France ;

Vu l'avis du comité consultatif des arts et manufactures ;

Le conseil d'Etat entendu,

Décrète :

Article premier. — Les emplacements affectés au travail dans les établissements visés par l'article 1er de la loi du 12 juin 1893, modifiée par la loi du 11 juillet 1903, seront tenus en état constant de propreté.

Le sol sera nettoyé à fond au moins une fois par jour avant l'ouverture ou après la clôture du travail, mais jamais pendant le travail.

Ce nettoyage sera fait, soit par un lavage, soit à l'aide de brosses ou de linges humides si les conditions de l'exploitation ou la nature du revêtement du sol s'opposent au lavage. Les murs et les plafonds seront l'objet de fréquents nettoyages ; les enduits seront refaits toutes les fois qu'il sera nécessaire.

Art. 2. — Dans les locaux où l'on travaille des matières organiques altérables, le sol sera rendu imperméable et toujours bien nivelé, les murs seront recouverts d'un enduit permettant un lavage efficace.

En outre, le sol et les murs seront lavés aussi souvent qu'il sera nécessaire avec une solution désinfectante. Un lessivage à fond avec la même solution sera fait au moins une fois par an.

Les résidus putrescibles ne devront jamais séjourner dans les locaux affectés au travail et seront enlevés au fur et à mesure, à moins qu'ils ne soient déposés dans des récipients métalliques hermétiquement clos, vidés et lavés au moins une fois par jour.

Art. 3. — L'atmosphère des ateliers et de tous les autres locaux affectés au travail sera tenue constamment à l'abri de toute émanation provenant d'égouts, fosses, puisards, fosses d'aisances ou de toute autre source d'infection.

Dans les établissements qui déverseront les eaux résiduaires ou de lavage dans un égout public ou privé, toute communication entre l'égout et l'établissement sera munie d'un intercepteur hydraulique fréquemment nettoyé et abondamment lavé au moins une fois par jour.

Les éviers seront formés de matériaux imperméables et bien joints, ils présenteront une pente dans la direction du tuyau d'écoulement et seront aménagés de façon à ne dégager aucune odeur. Les travaux dans les puits, conduites de gaz, canaux de fumée, fosses d'aisances, cuves ou appareils quelconques pouvant contenir des gaz délétères ne seront entrepris qu'après que l'atmosphère aura été assainie par une ventilation efficace. Les ouvriers appelés à travailler dans ces conditions seront attachés par une ceinture de sûreté.

Art. 4. — Les cabinets d'aisances ne devront pas communiquer directement avec les locaux fermés où le personnel est appelé à séjourner. Ils seront éclairés et aménagés de manière à ne dégager aucune odeur. Le sol et les parois seront en matériaux imperméables ; les peintures seront d'un ton clair.

Il y aura au moins un cabinet pour cinquante personnes et des urinoirs en nombre suffisant.

Aucun puits absorbant, aucune disposition analogue ne pourra être établie qu'avec l'autorisation de l'administration supérieure et dans les conditions qu'elle aura prescrites.

Art. 5. — Les locaux fermés affectés au travail ne seront jamais encombrés. Le cube d'air par personne employée ne pourra être inférieur à 7 mètres cubes. Pendant un délai de trois ans, à dater de la promulgation du présent décret, ce cube pourra n'être que de 6 mètres.

Le cube d'air sera de 10 mètres au moins par personne employée dans les laboratoires, cuisines, chais ; il en sera de même dans les magasins, boutiques et bureaux ouverts au public.

Un avis affiché dans chaque local de travail indiquera sa capacité en mètres cubes.

Les locaux fermés affectés au travail seront largement aérés, et, en hiver, convenablement chauffés.

Ils seront munis de fenêtres ou autres ouvertures à châssis mobiles donnant directement sur le dehors. L'aération sera suffisante pour empêcher une élévation exagérée de température. Ces locaux, leurs dépendances et notamment les passages et escaliers seront convenablement éclairés.

*(Décret du 6 août 1905).* — **Les gardiens de chantiers devront disposer d'un abri, et, pendant l'hiver, de moyens de chauffage.**

Art. 6. — Les poussières, ainsi que les gaz incommodes, insalubres ou toxiques seront évacués directement au dehors des locaux de travail au fur et à mesure de leur production.

Pour les buées, vapeurs, gaz, poussières légères, il sera installé des hottes avec cheminées d'appel ou tout autre appareil d'élimination efficace.

Pour les poussières déterminées par les meules, les batteurs, les broyeurs et tous autres appareils mécaniques, il sera installé, autour des appareils, des tambours en communication avec une ventilation aspirante énergique.

Pour les gaz lourds, tels que les vapeurs de mercure, de sulfature de carbone, la ventilation aura lieu *per descensum* ; les tables ou appareils de travail seront mis en communication directe avec le ventilateur.

La pulvérisation des matières irritantes et toxiques ou autres opérations, telles que le tamisage et l'embarillage de ces matières se feront mécaniquement en appareils clos.

L'air des ateliers sera renouvelé de façon à rester dans l'état de pureté nécessaire à la santé des ouvriers.

Art. 7. — Pour les industries désignées par arrêté ministériel, après avis du comité consultatif des arts et manufactures, les vapeurs, les gaz incommodes et insalubres et les poussières seront condensés ou détruits.

Art. 8. — Les ouvriers ou employés ne devront point prendre leurs repas dans les locaux affectés au travail.

Toutefois, l'autorisation d'y prendre les repas pourra être
accordée, en cas de besoin et après enquête, par l'inspecteur
divisionnaire sous les justifications suivantes :

1° Que les opérations effectuées ne comportent pas l'emploi
de substances toxiques ;

2° Qu'elles ne donnent lieu à aucun dégagement de gaz
incommodes, insalubres ou toxiques, ni de poussières ;

3° Que les autres conditions d'hygiène soient jugées satis-
faisantes.

Les patrons mettront à la disposition de leur personnel les
moyens d'assurer la propreté individuelle, vestiaires avec
lavabos, ainsi que de l'eau de bonne qualité pour la boisson.

Art. 9. — Pendant les interruptions de travail, l'air des
locaux sera entièrement renouvelé.

Art. 10. — Les moteurs à vapeur, à gaz, les moteurs
électriques, les roues hydrauliques, les turbines ne seront
accessibles qu'aux ouvriers affectés à leur surveillance. Ils
seront isolés par des cloisons ou barrières de protection.

Les passages entre les machines, mécanismes, outils mus
par ces moteurs auront une largeur d'au moins 80 centimètres ; le sol des intervalles sera nivelé.

Les escaliers seront solides et munis de fortes rampes.

Les puits, trappes, cuves, bassins, réservoirs de liquides
corrosifs ou chauds seront pourvus de solides barrières ou
garde-corps.

Les échafaudages seront munis, sur toutes leurs faces, de
garde-corps rigides de 90 centimètres de haut.

Les ponts volants, passerelles pour le chargement et le
déchargement des navires devront former un tout rigide et
être munis de garde-corps des deux côtés.

Art. 11. — Les monte-charges, ascenseurs, élévateurs,
seront guidés et disposés de manière que la voie de la cage
du monte-charge et des contrepoids soit fermée ; que la fermeture du puits à l'entrée des divers étages ou galeries

s'effectue automatiquement ; que rien ne puisse tomber du monte-charge dans le puits.

Pour les monte-charges destinés à transporter le personnel, la charge devra être calculée au tiers de la charge admise pour le transport des marchandises, et les monte-charges seront pourvus de freins, chapeaux, parachutes ou autres appareils préservateurs.

Les appareils de levage porteront l'indication du maximum de poids qu'ils peuvent soulever.

Art. 12. — Toutes les pièces saillantes mobiles et autres parties dangereuses des machines, et notamment les bielles, roues, volants, les courroies et câbles, les engrenages, les cylindres et cônes de frictions ou tous autres organes de transmission qui seraient reconnus dangereux seront munis de dispositifs protecteurs tels que gaines et chéneaux de bois ou de fer, tambours pour les courroies et les bielles, ou de couvre-engrenage, garde-mains, grillages.

Les machines-outils à instruments tranchants, tournant à grande vitesse, telles que machines à scier, fraiser, raboter, découper, hacher, les cisailles, coupe-chiffons et autres engins semblables, seront disposés de telle sorte que les ouvriers ne puissent, de leur poste de travail, toucher involontairement les instruments tranchants.

Sauf le cas d'arrêt du moteur, le maniement des courroies sera toujours fait par le moyen de systèmes tels que monte-courroies, porte-courroies, évitant l'emploi direct de la main.

On devra prendre autant que possible des dispositions telles qu'aucun ouvrier ne soit habituellement occupé à un travail quelconque dans le plan de rotation ou aux abords immédiats d'un volant, d'une meule ou de tout autre engin pesant ou tournant à grande vitesse.

Art. 13. — La mise en train et l'arrêt des machines devront être toujours précédés d'un signal convenu.

Art. 14. — L'appareil d'arrêt des machines motrices sera toujours placé sous la main des conducteurs qui dirigent ces machines.

Les contremaîtres ou chefs d'atelier, les conducteurs de machines-outils, métiers, etc. auront à leur portée le moyen de demander l'arrêt des moteurs.

Chaque machine-outil, métier, etc. sera en outre installé et entretenu de manière à pouvoir être isolé par son conducteur de la commande qui l'actionne.

Art. 15. — Des dispositifs de sûreté devront être installés dans la mesure du possible pour le nettoyage et le graissage des transmissions et mécanismes en marche.

En cas de réparation d'un organe mécanique quelconque, son arrêt devra être assuré par un calage convenable de l'embrayage ou du volant ; il en sera de même pour les opérations de nettoyage qui exigent l'arrêt des organes mécaniques.

Art. 16. — Les sorties sur les cours, vestibules, escaliers et autres dépendances intérieures de l'usine doivent être munies de portes s'ouvrant de dedans en dehors. Ces sorties seront assez nombreuses pour permettre l'évacuation rapide de l'établissement ; elles seront toujours libres et ne devront jamais être encombrées de marchandises, de matières en dépôt, ni d'objets quelconques.

Le nombre des escaliers sera calculé de manière que l'évacuation de tous les étages d'un corps de bâtiment contenant des ateliers puisse se faire immédiatement.

Dans les établissements occupant plusieurs étages, la construction d'un escalier incombustible pourra, si la sécurité l'exige, être prescrite par une décision du ministre du commerce, après avis du comité des arts et manufactures.

Les récipients pour l'huile ou le pétrole servant à l'éclairage seront placés dans des locaux séparés et jamais au voisinage des escaliers.

Art. 17. — Les machines dynamos devront être isolées électriquement.

Elles ne seront jamais placées dans un atelier où des corps explosifs, des gaz détonants ou poussières inflammables se manient ou se produisent.

Les conducteurs électriques placés en plein air pourront rester nus ; dans ce cas ils devront être portés par dès isolateurs de porcelaine ou de verre ; ils seront écartés des masses métalliques, telles que gouttières, tuyaux de descente, etc.

A l'intérieur des ateliers, les conducteurs nus destinés à des prises de courant sur leur parcours seront écartés des murs, hors la portée de la main et convenablement isolés.

Les autres conducteurs seront protégés par des enveloppes isolantes.

Toutes précautions seront prises pour éviter l'échauffement des conducteurs à l'aide de coupe-circuit et autres dispositifs analogues.

Art. 18. — Les ouvriers et ouvrières qui ont à se tenir près des machines doivent porter des vêtements ajustés et non flottants.

Art. 19. — Un arrêté ministériel déterminera pour chaque nature de locaux celles des prescriptions du présent décret qui doivent y être affichées.

Art. 20. — Le ministre du commerce et de l'industrie peut, par arrêté pris sur le rapport des inspecteurs du travail et après avis du comité consultatif des arts et manufactures, accorder à un établissement, pour un délai déterminé, dispense permanente ou temporaire de tout ou partie des prescriptions des articles premier (alinéa 3), 5 (alinéas 2 et 5), 9 et 10 (alinéa 6), dans le cas où il est reconnu que l'application de ces prescriptions est pratiquement impossible et que l'hygiène et la sécurité des travailleurs sont assurées dans des conditions au moins équivalentes à celles qui sont fixées par le présent décret.

Art. 21. — Sous réserve du délai spécial fixé par l'article 5 et des délais supplémentaires qui seraient accordés par le ministre en vertu de l'article 20, le délai d'exécution des travaux de transformations qu'implique le présent règlement est fixé à un an à dater de sa promulgation pour les établissements non visés par la loi du 12 juin 1893.

Art. 22. — Les décrets des 10 mars 1894, 14 juillet 1901 et 6 août 1902 sont abrogés.

Art. 23. — Le ministre du commerce, de l'industrie, des postes et télégraphes est chargé de l'exécution du présent décret, qui sera inséré au *Bulletin des lois* et publié au *Journal Officiel* de la République française.

Fait à Paris, le 29 novembre 1904.

**Emile LOUBET.**

Par le Président de la République :

*Le ministre du commerce, de l'industrie,
des postes et des télégraphes,*

**Georges TROUILLOT.**

# EMPLOI DE LA CÉRUSE

## RAPPORT

**Au Président de la République, adressé par le Ministre du commerce, de l'industrie, des postes et des télégraphes, suivi d'un**

## DÉCRET

### EN DATE DU 18 JUILLET 1902

**réglementant l'emploi de la céruse
dans les travaux de peinture en bâtiment.**

MONSIEUR LE PRÉSIDENT,

J'ai l'honneur de soumettre à votre signature le projet de décret réglementant l'emploi de la céruse dans les travaux de peinture en bâtiment.

Depuis longtemps, les graves maladies des peintres en bâtiment qui manipulent cette substance ont attiré l'attention des hygiénistes et ému l'opinion publique. Récemment encore, le comité consultatif d'hygiène publique de France, le conseil général des bâtiments civils, la commission d'hygiène industrielle du Ministère du Commerce, appelés à examiner la question, n'ont pas hésité à reconnaître la nocivité du blanc de céruse et la possibilité de lui substituer d'autres produits dans la plupart des travaux de la peinture en bâtiment.

Le projet primitif de règlement élaboré par la commission d'hygiène industrielle concluait à l'interdiction absolue de l'emploi de la céruse dans les travaux de la peinture en bâtiment.

Le comité consultatif        s et manufactures fut d'avis de

modifier ce projet et d'édicter seulement un certain nombre de précautions à observer.

Après un examen minutieux des avis émis par les conseils saisis de la question, il m'avait paru que, pour protéger efficacement les ouvriers peintres, il était nécessaire d'ajouter aux simples mesures de précaution édictées par le comité consultatif des arts et manufactures des dispositions interdisant l'emploi de la céruse : 1° dans tous les travaux d'impression, de rebouchage et d'enduisage ; 2° après un délai évalué d'après les nécessités industrielles, dans tous les travaux de peinture à l'intérieur des bâtiments.

Le Conseil d'Etat, auquel le projet de décret a été renvoyé, conformément à la loi, a présenté contre ces dispositions des objections d'ordre juridique. Il a été d'avis que leur introduction dans le règlement d'administration publique élaboré n'était aucunement autorisée par les termes de la loi du 12 juin 1893 sur l'hygiène et la sécurité des travailleurs dans les établissements industriels.

En présence de cet avis, je n'ai pas cru pouvoir maintenir l'interdiction d'employer la céruse dans certains travaux de la peinture en bâtiment, et c'est le texte approuvé par le comité consultatif des arts et manufactures et le Conseil d'Etat que j'ai l'honneur de soumettre à votre approbation.

Mais, pour les raisons d'hygiène et de salubrité qui m'avaient déterminé à préparer le texte primitif de décret, je me réserve de vous demander ultérieurement de présenter au Parlement un projet de loi spécial visant l'interdiction écartée par le Conseil d'Etat.

Veuillez agréer, Monsieur le Président, l'hommage de mon respectueux dévouement.

*Le Ministre du commerce, de l'industrie, des postes et des télégraphes,*

**Georges TROUILLOT.**

# DÉCRET

## DU 18 JUILLET 1902

Le Président de la République française,

Sur le rapport du Ministre du commerce, de l'industrie, des postes et des télégraphes ;

Vu l'article 3 de la loi du 12 juin 1893 ainsi conçu :

« Des règlements d'administration publique, rendus après avis du comité consultatif des arts et manufactures, détermineront :

« 1° Dans les trois mois de la promulgation de la présente loi, les mesures générales de protection et de salubrité applicables à tous les établissements assujettis, notamment en ce qui concerne l'éclairage, l'aération ou la ventilation, les eaux potables, les fosses d'aisances, l'évacuation des poussières et vapeurs, les précautions à prendre contre les incendies, etc... ;

« 2° Au fur et à mesure des nécessités constatées, les prescriptions particulières relatives soit à certaines industries, soit à certains modes de travail.

« Le comité consultatif d'hygiène publique de France sera appelé à donner son avis en ce qui concerne les règlements généraux prévus au paragraphe 2 du présent article. »

Vu l'avis du comité consultatif des arts et manufactures ;

Le Conseil d'Etat entendu,

Décrète :

Article premier. — La céruse ne peut être employée qu'à l'état de pâte dans les ateliers de peinture en bâtiment.

Art. 2. — Il est interdit d'employer directement avec la main les produits à base de céruse dans les travaux de peinture en bâtiment.

Art. 3. — Le travail à sec au grattoir et le ponçage à des peintures au blanc de céruse sont interdits.

Art. 4. — Dans les travaux de grattage et de ponçage humides, et généralement dans tous les travaux de peinture à la céruse, les chefs d'industrie devront mettre à la disposition de leurs ouvriers des surtouts exclusivement affectés au travail, et en prescriront l'emploi. Ils assureront le bon entretien et le lavage fréqu nt de ces vêtements.

Les objets nécessaires aux soins de propreté seront mis à la disposition des ouvriers sur le lieu même du travail.

Les engins et outils seront tenus en bon état de propreté, leur nettoyage sera effectué sans grattage à sec.

Art. 5. — Les chefs d'industrie seront tenus d'afficher le texte du présent décret dans les locaux où se font le recrutement et la paye des ouvriers.

Art. 6. — Le Ministre du commerce, de l'industrie, des postes et des télégraphes est chargé de l'exécution du présent décret qui sera inséré au *Bulletin des lois* et au *Journal officiel* de la République française.

***

# DÉCRET
## DU 15 JUILLET 1904

---

Article premier. — Les dispositions du décret du 18 juillet 1904, réglementant l'emploi du blanc de céruse dans l'industrie de la peinture en bâtiment sont étendues à tous les travaux de peinture.

Art. 2. — Le Ministre du commerce, de l'industrie, des postes et des télégraphes est chargé de l'exécution du présent décret qui sera inséré au *Bulletin des lois* et publié au *Journal officiel* de la République française.

# COUCHAGE DU PERSONNEL

---

# DÉCRET

## DU 28 JUILLET 1904

Portant règlement d'administration publique pour l'application des lois des 12 juin 1893 et 11 juillet 1903 sur l'hygiène et la sécurité des travailleurs en ce qui concerne le couchage du personnel dans les établissements industriels et commerciaux.

Le Président de la République française,

Sur le rapport du ministre du commerce, de l'industrie, des postes et des télégraphes ;

Vu la loi du 12 juin 1893, modifiée par la loi du 11 juillet 1903, notamment l'article 3 ainsi conçu :

« Des règlements d'administration publique rendus après avis du comité consultatif des arts et manufactures détermineront :

« 1° Les mesures générales de protection et de salubrité applicables à tous les établissements assujettis, notamment en ce qui concerne l'éclairage, l'aération ou la ventilation, les eaux potables, les fosses d'aisances, l'évacuation des poussières et vapeurs, les précautions à prendre contre les incendies, le couchage du personnel, etc. ;

« 2° Au fur et à mesure des nécessités constatées, les prescriptions particulières relatives soit à certaines professions, soit à certains modes de travail ;

« Le comité consultatif d'hygiène publique de France sera appelé à donner son avis en ce qui concerne les règlements généraux prévus sous le numéro 1° du présent article. » ;

Vu l'avis du comité consultatif d'hygiène publique de France ;

Vu l'avis du comité consultatif des arts et manufactures ;

Le Conseil d'État entendu,

Décrète :

Art. 1er. — Le cube d'air des locaux affectés au couchage du personnel dans les établissements visés à l'article 1er de la loi du 12 juin 1893, modifiée par la loi du 11 juillet 1903, ne devra pas être inférieur à quatorze mètres cubes (14 m³) par personne. Ces locaux seront largement aérés ; ils seront à cet effet munis de fenêtres ou autres ouvertures à châssis mobiles donnant directement sur le dehors. Ceux de ces locaux qui ne seraient pas ventilés par une cheminée devront être pourvus d'un mode de ventilation continue.

2. Les dortoirs devront avoir une hauteur moyenne de deux mètres soixante centimètres (2m60) au moins ; une hauteur moindre, mais supérieure à deux mètres quarante centimètres (2m40), pourra être tolérée dans les dortoirs des ateliers établis avant la promulgation du présent décret. Quand le plafond fera corps avec le toit de la maison, il devra être imperméable et revêtu d'un enduit sans interstices. A défaut d'une épaisseur de maçonnerie de trente centimètres (0m30) au moins, les parois extérieures devront comprendre une couche d'air ou de matériaux isolants d'une épaisseur suffisante pour protéger l'occupant contre les variations brusques de la température.

3. Les ménages devront avoir chacun une chambre distincte. Les pièces à usage de dortoir ne pourront contenir que des personnes de même sexe disposant chacune, pour son usage exclusif, d'une literie comprenant : châssis, som-

mier ou paillasse, matelas, traversin, paire de draps, couverture et meuble ou placard pour les effets. Les lits seront séparés les uns des autres par une distance de quatre-vingts centimètres (0ᵐ80) au moins.

4. Il est interdit de faire coucher le personnel dans les ateliers, magasins ou locaux quelconques affectés à un usage industriel ou commercial.

Cette disposition ne s'applique pas aux gardiens jugés nécessaires pour la surveillance de nuit.

5. Le sol des dortoirs sera formé d'un revêtement imperméable ou d'un revêtement jointif se prêtant facilement au lavage. Les murs seront recouverts soit d'un enduit permettant un lavage efficace, soit d'une peinture à la chaux. La peinture à la chaux sera refaite toutes les fois que la propreté l'exigera, et au moins tous les trois ans..

6. La literie sera maintenue constamment en bon état de propreté. Les draps servant au couchage seront blanchis tous les mois au moins et, en outre, chaque fois que les lits changeront d'occupants. Les matelas seront cardés au moins tous les deux ans, et les paillasses renouvelées au moins deux fois par an.

7. Les dortoirs ne seront jamais encombrés et le linge sale ne devra pas y séjourner. Ils seront maintenus dans un état constant de propreté, soit par un lavage, soit par un nettoyage à l'aide de brosses ou de linges humides. Cette opération, ainsi que la mise en état des lits, devra être répétée tous les jours.

Toutes les mesures seront prises, le cas échéant, pour la destruction des insectes.

8. Il sera tenu à la disposition du personnel de l'eau potable et des lavabos, à raison d'un au moins pour six personnes. Ces lavabos seront munis de serviettes individuelles et de savon.

9. Les pièces affectées à l'usage de dortoir ne devront pas être traversés par des conduits de fumée autres qu'en maçon-

nerie étanche. Ces pièces n'auront pas de communication directe avec les cabinets d'aisance, égoûts, plombs, puisards.

10. Le délai d'exécution des travaux de transformation qu'implique le présent règlement est fixé à un an à compter de sa promulgation.

11. Le texte du présent décrét et une affiche indiquant en caractères facilement lisibles les mesures d'hygiène concernant la prophylaxie de la tuberculose seront affichés dans toutes les pièces à usage de dortoir.

Les termes de cette affiche seront fixés par arrêté ministériel.

12. Le ministre du commerce, de l'industrie, des postes et des télégraphes est chargé de l'exécution du présent décret, qui sera inséré au *Bulletin des lois* et publié au *Journal officiel de la République française.*

Fait à Paris, le 28 juillet 1904.

Signé : **Emile LOUBET.**

*Le Ministre du commerce, de l'industrie,*
*des postes et des télégraphes,*

Signé : **G. TROUILLOT.**

# ATELIERS DE BLANCHISSAGE

# DÉCRET

## DU 15 AVRIL 1905

Le Président de la République française,

Sur les rapports du Ministre du commerce, de l'industrie, des postes et des télégraphes,

Vu l'article 3 de la loi du 12 juin 1893, modifiée par la loi du 11 juillet 1903, ainsi conçu :

« Des règlements d'administration publique, rendus après avis du comité consultatif des arts et manufactures, détermineront :

« 1° Les mesures générales de protection et de salubrité applicables à tous les établissements assujettis, notamment en ce qui concerne l'éclairage, l'aération ou la ventilation, les eaux potables, les fosses d'aisance, l'évacuation des poussières et vapeurs, les précautions à prendre contre les incendies, le couchage du personnel, etc... ;

2° Au fur et à mesure des nécessités constatées, les prescriptions particulières relatives soit à certaines industries, soit à certains modes de travail.

« Le comité consultatif d'hygiène publique de France sera

appelé à donner son avis en ce qui concerne les règlements généraux prévus sous le nº 1 du présent article » ;

Vu le décret du 29 novembre 1904 ;

Vu l'avis du comité consultatif des arts et manufactures ;

Le Conseil d'Etat entendu,

Décrète :

Article premier. — Dans les ateliers de blanchissage de linge, les chefs d'industrie, directeurs ou gérants, sont tenus, indépendamment des mesures générales prescrites par le décret du 29 novembre 1904, de prendre les mesures particulières de protection et de salubrité énoncées aux articles suivants.

Art. 2. — Le linge sale ne doit être introduit dans l'atelier de blanchissage, par l'exploitant ou son personnel, que renfermé dans des sacs, enveloppes spéciales ou tous autres récipients, soigneusement clos pendant le transport.

Art. 3. — Le linge sale avec son contenant doit être soit désinfecté avant tout triage par un des procédés de désinfection admis pour l'exécution de la loi du 15 février 1902 sur la santé publique ou par l'ébullition dans une solution alcaline, soit, à défaut de l'une de ces opérations, tout au moins soumis à une aspersion suffisante pour fixer les poussières. Dans ce dernier cas, les sacs et enveloppes, ou tous autres récipients, doivent être lessivés ou désinfectés.

Les mesures de désinfection sont obligatoires pour le linge sale provenant des établissements hospitaliers où l'on reçoit des malades.

Art. 4. — Les chefs d'industrie, directeurs ou gérants, sont tenus de mettre à la disposition du personnel employé à la manipulation du linge sale, des surtouts exclusivement affectés au travail ; ils en assurent le bon entretien et le lavage fréquent ; ces vêtements doivent être rangés dans un local séparé de la salle des blanchissages et de la salle où se trouve le linge propre.

Art. 5. — Il est interdit de manipuler du linge sale non

désinfecté ou non lessivé soit dans les salles de repassage, soit dans les salles où se trouve du linge blanchi.

Art. 6. — Les eaux d'essangeage doivent être évacuées directement hors de l'atelier par canalisation fermée, sans préjudice de toutes autres mesures de salubrité à prendre en exécution des articles 97 de la loi municipale du 5 avril 1884, et 1er de la loi du 15 février 1902 sur la santé publique.

Art. 7. — Les chefs d'industrie, directeurs ou gérants, sont tenus d'afficher dans un endroit apparent des locaux professionnels un règlement qui prescrira l'emploi des vêtements de travail, qui imposera au personnel l'obligation de prendre des soins de propreté à chaque sortie de l'atelier, et qui interdira de consommer aucun aliment ni aucune boisson dans les ateliers de manipulation du linge sale.

Art. 8. — Le délai d'exécution des mesures édictées par le présent règlement est fixé à six mois à partir de sa promulgation, sauf en ce qui concerne les articles 5 et 6. Pour l'exécution des travaux de transformation qu'impliquent ces deux derniers articles, le délai est fixé à trois ans.

Art. 9. — Le ministre du commerce, de l'industrie, des postes et des télégraphes est chargé de l'exécution du présent décret, qui sera inséré au *Bulletin des lois* et publié au *Journal officiel* de la République française.

Fait à Paris, le 4 avril 1905.

**Emile LOUBET.**

Par le Président de la République :

*Le Ministre du commerce, de l'industrie, des postes et des télégraphes,*

**F. DUBIEF.**

Niort. — Imp. Th. Martin.

Publication des Lois et Décrets

LIBRAIRIE CHEVALIER ET RIVIÈRE

30, Rue Jacob (VI<sup></sup>)

PARIS

# AFFICHES

A APPOSER DANS LES

## Ateliers, Usines, Établissements industriels

| Travail des Enfants, des Filles mineures et des Femmes dans les établissements industriels | En feuille | Cartonné avec œillets |
|---|---|---|
| Loi du 2 novembre 1892 modifiée par célle du 30 mars 1900 et décret-loi du 9 septembre 1848 (1 feuille 65×45) | » 30 | » 80 |
| Décret du 13 mai 1893 (1 feuille 40×31) | » 20 | » 50 |
| Décrets du 15 juillet 1893 et 26 juillet 1895 (1 feuille 40×31) | » 20 | » 50 |
| Tableau des heures de travail (1 feuille 33×25) | » 10 | » 35 |
| **Accidents du Travail** | | |
| Loi du 9 avril 1898 modifiée par celles des 22 mars 1902 et 31 mars 1905 (1 feuille 70×56) | » 30 | » 90 |
| Décrets d'administration publique (1 feuille) | » 30 | » 80 |
| **Hygiène et sécurité du Travail** | | |
| Loi du 12 juin 1893 modifiée par celle du 11 juillet 1903 (1 feuille 50×42) | » 25 | » 65 |
| Décret du 20 novembre 1904 (1 feuille 50×42) | » 25 | » 65 |

# IMPRIMÉS

**Déclaration d'accident du travail suivie du récépissé** conforme au décret du 23 mars 1902 ... » fr. **10**

**Certificat médical, suivi de la formule de dépôt** ... » fr. **10**

**Registre d'inscription des enfants au-dessous de 18 ans** (Loi du 2 novembre 1892) ... **1** fr. »

**Livret d'apprenti in-8** ... » fr. **20**

*Conditions par nombre (25, 50, 100 exemplaires)*

**Accidents du Travail.** — Loi du 9 avril 1898, modifiée par les lois du 22 mars 1902 et du 31 mars 1905. Décrets d'administration publique. Loi du 30 juin 1899, concernant les accidents agricoles, 1 brochure in-8 de 36 pages.............,... » fr. **50**

**Bouïlleurs de cru.** — Lois du 31 mars 1903 et du 22 avril 1905. Arrêté ministériel du 2 avril 1903 et décrets du 19 août 1903, 1 brochure in-8 de 22 pages....................... » fr. **50**

**Brevets d'invention.** — Loi du 3 mai 1841, modifiée par celles du 31 mai 1856 et du 7 avril 1902 et arrêté ministériel du 11 août 1903. 1 brochure in-8 de 24 pages .. ....... » fr. **50**

**Bureaux de Placement.** — Loi du 14 mars 1904, relative au placement des ouvriers et employés des deux sexes et de toutes professions. 1 brochure in-8........ ....... » fr. **50**

**Contrat d'association.** — Loi du 1er juillet 1901 et règlements d'administration publique. 1 brochure in-8......,..... » fr. **50**

**Justices de paix.** — Lois des 12 et 13 juillet 1905. 1 brochure in-8 ................................................ .» fr. **50**

**Hygiène du Travail.** — Lois des 12 juin 1893 et 11 juillet 1903 et Décrets des 29 novembre 1904 et 6 août 1905, suivis des Décrets sur l'emploi de la céruse, couchage du personnel, ateliers de blanchissage. 1 brochure in-8° de 30 pages  » fr. **50**

**Recrutement de l'Armée.** — Loi du 21 mars 1905, réduisant à deux ans la durée du service militaire. 1 brochure in-8 de 68 pages .......................................... » fr. **50**

**Sociétés d'assurances sur la vie.** — Loi du 17 mars 1905, relative à la surveillance et au contrôle. 1 brochure in-8.   » fr. **50**

**Sociétés de secours mutuels.** — Loi du 1er avril 1898. 1 brochure in-8................,....................:........ » fr. **50**

**Syndicats professionnels.** — Loi du 21 mars 1884, circulaire ministérielle du 25 août 1884. 1 brochure in-8......... **1** fr.

**Législation électorale.** — Recueil des lois et décrets concernant les *Elections des Conseillers municipaux de Paris et des Départements, des Conseillers généraux, des Députés et des Sénateurs,* suivi des *Lois constitutionnelles ; Loi sur la liberté de réunion ; Loi relative au Contrat d'Association.* 1 volume in-8 broché, 1904................................. **1** fr. **50**

Niort. — Imp. Th. Martin.